RENOV'LIVRES 2010

BIBLIOTHÈQUE NATIONALE

PARIS

Juin-Juillet 1928

EXPOSITION

de la

Gravure Moderne

Américaine

sous le haut patronage de

S. Exc. M. Myron T. HERRICK,
Ambassadeur des États-Unis en France.

M. CLAUDEL,
Ambassadeur de France aux États-Unis.

M. Edouard HERRIOT,
Ministre de l'Instruction Publique et des Beaux-Arts.

Sous les auspices de

The American Federation of Arts

et de

l'Association Française d'Expansion

et d'Echanges Artistiques.

COMITÉ D'HONNEUR

DE

L'EXPOSITION de la GRAVURE AMÉRICAINE

M. A. BRIAND
Ministre des Affaires Étrangères

M. Edouard HERRIOT
Ministre de l'Instruction Publique et des Beaux-Arts

S. Exc. M. Myron T. HERRICK
Ambassadeur des États-Unis en France

M. CLAUDEL
Ambassadeur de France aux États-Unis

M. Paul LÉON
Membre de l'Institut
Directeur Général des Beaux-Arts

M. Émile HUMBLOT
Président du Groupe de l'Art au Sénat
Président de l'Association Française
d'Expansion et d'Echanges Artistiques

Hon. Elihu ROOT
Président d'honneur
de l'Américan Fédération of Arts

M. ROLAND MARCEL
Administrateur Général
de la Bibliothèque Nationale

M. P.-A. LEMOISNE
Conservateur du Cabinet des Estampes
à la Bibliothèque Nationale

M. Georges MAYER
Président de la Chambre Syndicale
des Éditeurs et Marchands d'Estampes de France

EXHIBITION

of

Contemporary American Prints

HONORARY COMMITTEE

Mr. Frank W. BENSON,
President Guild of Boston Artists.

Mr. John Taylor ARMS,
President Brooklyn Society of Etchers.

Mr. Ellis Ames BALLARD,
President Philadelphia Print Club.

Mr. Benjamin C. BROWN,
President Print Makers Society of California.

Mr. Lewis B. WILLIAMS,
Past President Cleveland Print Club.

Official Representative in France
ARTHUR Wᵐ HEINTZELMAN

INDEX

	Pages		Pages
ARMS, J. T.	17	EVANS, J.W.	21
AUERBACH-LEVY, W.	17	FITSCH, E.C.	21
BACON PEGGY, (Mrs.) A.B.	17	GAG, W.	21
BARTON, (Miss) L.	17	GALLAGHER, S.	21
BAUMANN, G.	17	GANSO, E.	21
BENSON. F.W.	17	GARDINER, E.D.	21
BELLOWS, G.	18	GEARHART, F.H.	21
BIDDLE G.	18	GIDDENS, P.H.	21
BLUM, R.	18	GOLTHWAITE, A.	21
BOREIN, E.	18	HALL, A.W.	22
BORG, C.O.	18	HALL, F.G.	22
BOYER, R.L.	18	HANDFORTH, T.	22
BROWN, H.C.	19	HANSEN, A.	22
BROWNE, C.L.	19	HARPER, G.	22
BURR, G.E.	19	HART, G.	22
BUSENBENZ, V.	19	HASKELL, E.	22
BUTLER, A.R.	19	HASSAM, C.	22
CASSATT, M.	19	HEIL, C.E.	23
CLARK, R.	19	HEINTZELMAN, A.W.	23
COLE, T.	19	HIGGINS, E.	23
COOK, H.R.	19	HOPPER, E.	23
COTTON, J.	20	HORNBY, L.G.	23
COUGHLIN, M.M.	20	HOSFORD, H.L.	23
DANIEL, L.C.	20	HUTTY, A.	23
DAVIES, A.B.	20	HYDE, H.	23
DENNIS M.	20	KAPPEL, P.	24
DETWILLER, F.K.	20	KENT, R.	24
DOOLITTLE, H.L.	20	KINNEY, T.	24
DUVENECK, F.	20	LANKES, J.J.	24
DWIGHT, M.	20	LENSKI, L.	24
EBY, K.	20	LEVY, B.S.	24
ESHERICK, W.	21	LEWIS, A.	24

	Pages		Pages
Lewis, M.	24	Seward, C.A.	28
Lindenmuth, T.	25	Seymour, R.F.	28
Little, P.	25	Simmons, W.	28
Logan, R.	25	Sloan, J.	28
Lum, B. (Mrs.)	25	Smith, A.R.H.	28
Mc Nulty, W.C.	25	Sternberg, H.	28
Manuel, M.	25	Sterne, M.	28
Marcus, P.	25	Sturges, D.C.	28
Merrill. K.	25	Sturges, L.	28
Meyerowitz, W.	25	Suydam, E.H.	28
Mielatz, C.	25	Tannahill, M.H.	29
Miller, B.	25	Thompson, E.T.	29
Miller, K.H.	25	Tuttle, H.E.	29
Moore, B.B.	25	Twachtman, J.H.	29
Morley, H.	26	Verrees, J.P.	29
Nason, T.W.	26	Washburn, C.	29
Nisbet, R.H.	26	Weber, F.T.	29
Nordell, C.J.	26	Webster, H.A.	29
Orr, L.	26	Weir, J.A.	29
Ostrowsky, A.	26	Welsh, H.D.	29
Pach, W.	26	West, L.	30
Partridge, R.	26	Wetherill, E.K.K.	30
Pennell, J.	26	Whistler, J.M.N.	30
Petersen, M.	26	Wickey, H.	30
Quinlan, W.J.	27	Wilimovsky, C.A.	30
Reisman, P.	27	Wilke, W.H.	30
Renouard, G.	27	Winkler J.W.	30
Rice, W.S.	27	Wolchonock, L.	31
Ronnebeck, A.	27	Wolf, H.	31
Rosenberg, L.C.	27	Wolfson, I.	31
Roth, E.D.	27	Wolfson, W.	31
Ryder, C.F.	27	Wood, F.T.	31
Ryerson, M.	27	Woodbury, C.H.	31
Sandzen, B.	27	Woodbury, C.O.	31
Schmidt, E.	27	Wright, G.	31
Schutz, A.	28		

PRÉFACE

—

Les
Graveurs Américains Contemporains

par Frank WEITENKAMPF
Conservateur du Cabinet des Estampes à la New York Public Library

———

C'est la fondation de la Société des Aquafortistes de New-York, en 1877, qui a donné à la pratique de la gravure originale sa première grande impulsion. Parrish, Platt, the Morans, Mielatz, Duveneck, Weir, Blum, Mary Cassatt et Pennell étaient déjà célèbres parmi ceux qui ont ouvert à l'art américain un nouveau champ d'activité.

La jeune génération d'artistes d'aujourd'hui a compris qu'elle pourrait trouver dans la gravure à l'eau-forte un moyen de s'exprimer librement et de faire œuvre originale et personnelle. Parmi les meilleures œuvres de ces dernières années, la nature du métier est respectée et adaptée à chaque individualité — ce qui d'ailleurs est une nécessité dans la pratique de n'importe quel art — ; ainsi l'eau-forte se développe d'une façon encourageante mais dans des proportions qui doivent aussi nous mettre en garde contre des excès possibles. Faire une eau-forte est chose si aisée.

Nous avons des aquafortistes d'esprit et d'humeur divers et qui se distinguent par différents degrés d'habileté.

Ils démontrent la possibilité de représenter par la ligne gravée des sujets tels que personnages, portraits, paysages, scènes urbaines, monuments et natures mortes. Ils témoignent de l'intérêt du présent et de l'attrait du passé. Ils nous offrent la ligne incisive de l'eau-forte, le riche velours de la pointe sèche, le trait vibrant de la taille-douce. Ils nous montrent la ligne dépouillée de tout voile, rehaussée aussi par la mousseline du retroussage ou plus habillée par les procédés de l'aquatinte. Ils font ressortir les possibilités de la couleur; ils nous font distinguer entre l'habileté technique et la vigueur personnelle qui assigne à la technique sa place et son importance réelle en tant que moyen d'exécution.

Certains parmi les plus jeunes aquafortistes ont travaillé surtout outre-mer, mais bon nombre ont trouvé de l'inspiration dans leur propre pays, cherchant des sujets à la ville et à la campagne, depuis Gloucester jusqu'à San Francisco, et les représentant selon une conception plus ou moins nettement individuelle. Souvent, en effet, nous ont-ils révélé de nouvelles phases, des aspects divers, jusqu'à l'essence même de certaines choses que nous avions vues, sans vraiment les voir. Pennell, Pearson, Detwiller, C. H. White, Olsson-Nordfeldt, Henry Winslow, J. André Smith, Earl Horter, Webster, Arms, H. B. Shope, Hassam, Gallagher, Winkler, ont prouvé cette très vieille vérité que l'on peut trouver de la beauté dans tout ce que nous voyons journellement et cela dans notre propre pays. Les États de l'Ouest ont fourni des sujets séduisants à Borein, Seymour, Partridge, Pearson, Burr, Mahonri Young. La mer a inspiré Woodbury et Little. Nous trouvons dans les gravures de ces artistes et d'autres encore un louable effort pour nous montrer que des sujets multiples sont à notre portée et pour saisir et représenter le caractère propre de chaque localité.

Le nombre des graveurs a augmenté qui ont trouvé dans la nature vivante une multiplicité de sujets très variés. Hart et Higgins réussissent à nous donner l'impression d'événements vécus. John Sloan jette un regard bienveillant et amusé sur tout ce qui l'environne. Nous trouvons chez Allen Lewis une certaine sévérité de style. Sturges et Heintzelman se plaisent à dégager le trait original et saillant de leur sujet. Eby montre une observation aiguë. K. H. Miller, Anne Goldthwaite, Troy Kinney, Peggy Bacon offrent de forts contrastes. Benson a créé une nouvelle variété d'estampes sportives.

Rosenberg, E. L. Warner, Webster, Orr, Webb, Logan, Katherine Kimball, Hornby, John Marin, Roth, Washburn, ont travaillé à l'étranger — à Paris, à Florence, à Venise.

On s'enthousiasme facilement. Certaines réputations sont nées d'un sentiment patriotique qui incite à l'indulgence ; elle ne résistent pas à un jugement impartial. Cela ne nuira d'aucune façon à l'art américain. Nous avons assez d'œuvres magistrales pour nous permettre de considérer cette nouvelle tendance objective avec satisfaction.

Des individualités très différentes cherchent et trouvent leur expression dans cet art, d'un caractère si particulier. Il n'y a pas d'innovation subversive dans la manière personnelle et variée de ces artistes. L'individualité trouve son expression selon les limites et les possibilités du métier.

Les sujets abondent chez nous, les sujets américains pour les artistes, le public et le collectionneur américains. Notre art jaillit du terroir, il est le reflet de notre vie, de nos ambitions, de nos traditions et de nos progrès, vus à travers l'idéal et l'éclectisme de l'artiste.

Ces faits nous montrent que la renaissance de la gravure à l'eau-forte signifie plus qu'un engouement passager mais bien un mouvement plein de promesses et peut devenir un facteur puissant de l'évolution de l'art américain.

En Amérique, dans la gravure sur bois, l'estampe de traduction avait atteint les limites du possible dans l'interprétation des tons et des matières. Timothy Cole pratique encore cet art dans la gravure de reproduction.

Aujourd'hui, notre production nationale de gravures sur bois et sur linoleum — les deux sont étroitement apparentées — marque clairement l'inclination actuelle vers la gravure originale et la gravure en teinte. Ainsi, l'artiste qui conçoit et le graveur qui exécute ne font qu'un, le bois comme le cuivre ou la pierre lithographique étant employé comme moyen direct d'expression de telle sorte que le procédé autographique devient un art en lui-même.

Dans la gravure sur bois, on remarque une tendance à la simplicité d'expression avec peu de lignes et des tons sobres. Ces œuvres ont toutes un caractère de modernité ; elles sont pour ainsi dire des œuvres d'actualité.

Un certain nombre d'artistes nous montrent les possibilités très diverses de l'expression individuelle dans cet art d'un effet simple, direct, et cependant subtil et se prêtant admirablement à l'interprétation évocatrice d'une idée toute personnelle.

Dans l'estampe sur bois, de plus en plus répandue en Amérique, transparait non seulement la personnalité de l'artiste mais l'idéal moderne dont il s'inspire.

Comparez les lignes ondoyantes de Sandzen, la précision

de Ruzicka, la taille hardie de Lankes ou de Lindenmuth, le réalisme incisif et mordant de J. J. A. Murphy, la vigueur des compositions scrupuleuses de Howard Mc. Cormick, l'archaïsme joint à l'expression individuelle d'Allen Lewis, le monde vu par Rockwell Kent et traduit en savantes combinaisons linéaires, les effets décoratifs de Diederich, Biddle, Brodsky, Zorach.

En pénétrant dans le domaine de l'illustration du livre, le bois original a permis d'élaborer d'harmonieuses combinaisons avec le caractère d'imprimerie. Le bois est un procédé particulièrement efficace qui est éminemment favorable à l'illustration du livre afin d'obtenir un ensemble tout à fait homogène.

Animés par la tendance de franchir les limites du blanc et noir, Lewis, Ruzecka et Hassam ont employé avec certaines modifications la vieille méthode du clair-obscur.

L'impression en couleur a été appliquée de différentes façons depuis la couleur à peine ébauchée jusqu'aux plus violentes combinaisons chromatiques qui finissent par faire presque complètement abstraction du caractère du métier.

C'est le cas de Helen Hyde, Olsson-Nordfeldt, Bertha Lum, dans leurs estampes à la manière japonaise. D'autres, avec Baumann, ont cherché à obtenir des effets de coloris d'un réalisme saisissant.

Nous trouvons dans toutes ces œuvres contemporaines une diversité d'une ampleur et d'une richesse dont nos aînés ne pouvaient avoir l'idée. Elles sont en quelque sorte un signe des temps, de notre temps, d'une époque comblée d'idées et d'idéaux mêlés à quelques outrances. En vérité, voici un art qui, avec la simplicité qui le caractérise, peut sans rien perdre pour cela de sa propriété et de sa nature, s'adapter au tempérament et à la personnalité de l'artiste.

En lithographie, Whistler trouva un moyen d'expression qui est plus sympathique et plus personnel encore que la planche de cuivre. Il put ainsi donner libre cours à sa nature artistique et éminemment sensitive. Pennell en des essais intéressants chercha à tirer parti des ressources multiples de la pierre.

Aujourd'hui, la lithographie a reconquis les faveurs de l'artiste et joue un grand rôle dans notre pays. Nous abandonnons l'idée que, du fait qu'elle avait servi pendant plusieurs années à des applications purement commerciales, elle n'était pas digne d'un artiste. La souplesse et la diversité du procédé lithographique permet, au contraire, à l'artiste d'improviser selon ses goûts et son génie; aussi bien le procédé est autographique, reproduisant le dessin tel que l'artiste l'a exécuté. La lithographie s'affirme comme un moyen libre d'expression favorable au toucher de l'artiste. Ses ressources sont d'une richesse merveilleuse.

Dans son ensemble, cette collection d'œuvres américaines nous offre la gamme complète d'une technique mise au service d'une diversité remarquable de natures et de tempéraments. Les gris perlés de Bolton Brown, la puissance massive de Bellows, les lignes rugueuses de Sandzen, la légèreté Whislérienne de Haskell, les découvertes aventureuses de Davies, chercheur infatigable, les études de Sterner, d'une richesse contenue — celles-ci et d'autres encore font ressortir les qualités et les avantages d'un instrument d'expression docile et sensible entre tous qui peut convenir à tous les virtuoses dignes de s'en servir.

Dans la lithographie, comme dans l'eau-forte, il y a de

mauvais praticiens. Mais, qu'on ne se décourage point.
Lorsque des temps futurs auront remplacé notre époque
vibrante, tumultueuse, ardente, où s'affirment une sensibilité
aiguë, une curiosité inlassable et un individualisme irréfléchi
et sans contrainte, les meilleurs resteront à la surface et le
reste disparaitra dans les couches profondes d'un oubli
bien mérité.

CATALOGUE

ARMS, John Taylor

1 Rodez.
2 St. Benigne, Dijon.
3 La Mangia, Siena.
4 Rocamadour.
5 Mt. St. Michel.

AUERBACH-LEVY. William

6 The New Talmud.
7 "Happy"
8 Professor.

BACON Peggy, (Mrs. Alexander Brook)

9 The Patroness.
10 Help !
11 Penguin Island.
12 Theasing the Cat.

BARTON, Loren (Miss)

13 Boat-yard Venice.
14 Chulula.

BAUMANN, Gustave

15 Summer Clouds.
16 Rain in Mountains.
17 Hillside Woods.

BENSON, Frank W.

18 The Sheldrake's Brood.
19 Towering Widgeons.
20 Dory Fisherman.

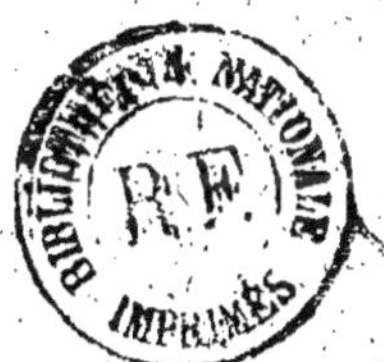

21   Evening Flight.
22   Mallards at Evening.

BELLOWS, George (Décédé)

23   Jean 1923.
24   Arrangement.
25   Evening.
26   The Black Hat.
27   The Actress.
28   My Mother.
29   John Carroll.
30   My Family

BIDDLE, George

31   Two Goats and a Rooster.
32   Lilies.
33   Banana Grove.

BLUM, Robert (Décédé)

34   Bead Stringers, Venice.
       (Preté par The Cincinnaty Museum).

BOREIN, Edward

35   Navajo Visitors.
36   Running Wild Horses,
37   Village of Walpi.
38   A Sure Enough Rider.

BORG, Carl Oscar

39   Hopi Woman.
40   Hopi Village.
41   Navajo.

BOYER, Raplh L.

42   Fighting Bass.
43   Connecticut Barn.
44   Saugatuck Marshes.

BROWN, Benjamin C.

45   In the Depths, Grand Canon.
46   Top of the World.

BROWN, Howell C.

47 Chinese New Year.

BROWNE, Carmen L.

48 Wisconsin Landscape.
49 A Cup of Tea.

BURR, George Elbert

50 Storm near Timberline.
51 The Desert, Arizona.

BUSENBENZ, Virginia

52 Old Sailor (Bretagne).

BUTLER, A. R.

53 Westminster Flats.
54 Santa Caterina.

CASSATT, Mary (Décédée)

55 L'Aiguille, pointe sèche.
56 Conversation, aquatinte.
57 La Loge, aquatinte.
58 En Omnibus, pointe sèche imprimée en couleurs.
59 Le Thé, pointe sèche.
60 Mère et Enfant, monotype en couleur.
   (Ces gravures appartiennent au Cabinet des Estampes de la Bibliothèque Nationale).

CLARK, Roland

61 Break o'Day.
62 The Ice Hole.
63 Scooters.

COLE, Timothy

64 Mariage a la Mode.
65 Mona Lisa.
66 Expulsion.
67 The Straw Hat.
68 Christ Before the People.

COOK, Howard R.

69 Taos Indian.
70 Walpi, Arizona.
71 The Lobo.

COTTON, John

72 Mountain Aspens.

COUGHLIN, Mildred M.

73 Corner of Christopher & Bleeker Streets, New York City.

DANIEL, Lewis C.

74 Many Minds Cast Out by Christ
75 He that is without sin among you let him first cast a stone ather.

DAVIES, Arthur B.

76 Fountain of Youth.
77 Seated Nude.
78 Antique Mirror.
79 Kneeling Figure.
80 Nude with Uplifted Arms.

DENNIS, Morgan

81 Themselves.

DETWILLER, Frederick K.

82 Fitting Out Camouflage (Séries de Guerre).
83 Building the Nave, Cathedral of St. John the Divine New York City.

DOOLITTLE, Harold L.

84 Desert Clouds.
85 Yosemite.

DUVENECK, Frank (Décédé)

86 View of Grand Canal.
87 Pallazo ca d'Oro Venice.
   (Prêté by the Cincinnaty Museum).

DWIGHT, Mabel

88 The Aquarium.
89 The Clinch.

EBY, Kerr

90 In The Open.
91 Brittany Farm.
92 St-Ouen, Rouen.

93 DAWN, THE 75S FOLLOW UP.
94 NIGHT, HIGH ISLAND MAINE.

ESHERICK, Wharton

95 BARNYARD, PENNSYLVANIA.

EVANS, John W.

96 BECALMED — after Beal.
97 IN THE PARK — after Bellows.
98 LANDSCAPE — after Murphy.
99 ITALIAN LANDSCAPE — after Turner.
100 THE NORTHEASTER — after Homer.

FITSCH, Eugène C.

101 TOWN HALL.
102 THE GREAT WITE WAY.

GAG, Wanda

103 SPINNING WHEEL.
104 THE FRANKLIN STOVE.

GALLAGHER, Sears

105 FISH HOUSE LOFT.
106 WEST WIND.
107 BROOKLYN BRIDGE.

GANSO, Emil

108 SETTING SUN.
109 SUMMER EVENING, CENTRAL PARK.

GARDINER, Elisa D.

110 THE SINGING TOP.

GEARHART, Frances H.

111 TWILIGHT.

GIDDENS, Philip H.

112 ENTRANCE TO LA VILLE CLOSE, CONCARNEAU.

GOLTHWAITE, Anne

113 HEAD OF WOMAN.
114 PORTRAIT OF AN ECCLESIASTIC.

HALL, Arthur W.

115 Saint-Paul du Var.
116 The Quarrel.
117 Neighbors.
118 A Court in Vence.

HALL, Frederick G.

119 Eglise de Saint-Nicholas.
120 A Scene in Tours.
121 Maison des Ambassadeurs.

HANDFORTH, Thomas

122 Tunisian Carriage.
123 The Sun-drenched Road.
124 The Sawdust Burner.

HANSEN, Armin.

125 The Large Pier.
126 Returning Fishermen.
127 Sardine Barge.

HARPER, George

128 Christmas Morning.

HART, George "Pop"

129 Going to Sacrifice.
130 Mammy.
131 Dance of Centaurs.
132 Native Baptism.

HASKELL, Ernest (Décédé)

133 Winnegance Willows.
134 Mirror of the Goddess.
135 The Fan Tree.
136 El Torro.
137 Wildcat Canyon, Berkeley, California.

HASSAM, Childe

138 East Hampton.
139 House on Main Street.

140 HOME SWEET HOME COTTAGE 2.
141 WAYSIDE INN OAKS IN SPRING.
142 ROAD TO PROMISED LAND.

HEIL, Charles E.

143 CHICKENS.

HEINTZELMAN, Arthur-William

144 CHANTEUR POPULAIRE.
145 FILLE DU MARBRIER DE CARRARE.
146 CRUCIFIX (petite planche).
147 MATER DOLOROSA.
148 JEUNE MÈRE BASQUE.

HIGGINS, Eugène

149 THE TUNNEL DWELLERS.
150 DON QUIXOTE.
151 MISSISSIPPI FLOOD.
152 A BIT OF AN OLD FARM.
153 THE BARGEMEN.

HOPPER, Edward

154 NIGHT, IN THE PARK.
155 NIGHT, THE "L" TRAIN.
156 TWO PIGEONS.
157 EVENING WIND.

HORNBY, Lester G.

158 AU BORD DE LA RIVIÈRE, NORMANDIE.
159 VIEILLE JARDINIÈRE SUR LA COLLINE.
160 LE FANAGE, MARNE.
161 GOULD'S BRIDGE, IPSWICH.

HOSFORD, H. Lindley.

162 HAUNT OF A HERON.

HUTTY, Alfred

163 BEVERLY BEECHES,
164 SYCAMORES.

HYDE, Helen (Décédé)

165 THE RETURN.

KAPPEL, Philip

166 SAIL AND STEAM.

KENT, Rockwell

167 THE PRECIPICE.
168 THE END.
169 OVER THE ULTIMATE.
170 THE IMPERISHABLE.
171 FOREST POOL.

KINNEY, Troy

172 MOONLIGHT.
173 FOOTLIGHT.
174 DRAGON FLY.

LANKES, J. J.

175 AFFLICTION.
176 "N" STREET HOUSE, GEORGETOWN, WASHINGTON, D. C.
177 NEAR THE PAULANER BREWERY, MUNICH.

LENSKI, Lois

178 PICNIC BY THE SEA.

LEVY, Beatrice S.

179 THE TIDE COMES IN.
180 THE BEACH.

LEWIS, Allen

181 ILLUSTRATION FOR SHORT STORIES BY WALT WHITMAN (1) W. B.
182 ILLUSTRATION FOR SHORT STORIES BY WALT WHITMAM (2) W. B.
183 ILLUSTRATION FOR SHORT STORIES BY WALT WHITMAN (3) W. B.
184 THE ARCHER.
185 THE COW IN APPLE TIME.

LEWIS, Martin

186 HEAVY RAIN.
187 BRIDGE NEAR NIKKO.
188 SHADOWS ON THE ROAD.
189 FISHING BOATS IN RAIN.

LINDENMUTH, Tod

190 LOW TIDE.

LITTLE, Philip

191 SALEM'S OLD WHARVES.

LOGAN, Robert

192 HARKNESS MEMORIAL, YALE.
193 WREXHAM TOWER, YALE.

LUM, Bertha (Mrs.)

194 DRAGON KING AND HIS BRIDE.

Mc NULTY, William C.

195 LOW TIDE.

MANUEL, Margaret

196 IN THE HEART OF THE CUMBERLANDS.

MARCUS Peter

197 BIRTH OF RELIGION.
198 THE ROAD TO YESTERDAY.

MERRILL, Katharine

199 RUE SAINT-YVES, CHARTRES.

MEYEROWITZ, William

200 GLOUCESTER STREET.
201 VIEW FROM THE HILL.

MIELATZ, Charles (Décédé)

202 SPEEDWAY, HARLEM RIVER.
203 THE STORM.

MILLER, Benjamin

204 EDGARD ALLAN POE.
205 " I HAVE KISSED THY LIPS ".

MILLER, Kenneth Hayes

206 WOMAN WITH PALM LEAF FAN.
207 GIRL WITH A HOOD.

MOORE, Benson B,

208 KING VULTURES.
209 WHITE HERONS AT HOME.

MORLEY, Hubert

210 Willow Screen.

NASON, Thomas W.

211 On the Maine Coast.
212 Autumn Foliage.
213 Nova Scotia Landscape.
214 In New Hampshire.

NISBET, Robert H.

215 Moonlit Skies.
216 The Hurrying River.

NORDELL, Carl J.

217 On a Beam Trawler.

ORR, Louis

218 St-Germain l'Auxerrois, Paris.

OSTROWSKY, Abbo

219 Croton-on-Hudson.
220 Spring.
221 Ground Nut Hill.

PACH, Walter

222 Washington Square.

PARTRIDGE, Roi

223 Santa Rosita.
224 Hillside Quary.

PENNELL, Joseph (Décédé)

225 West Front, Rouen.
226 Approach to Grand Central, New York.
227 West Street Building.
228 Sunset Williamsburgh Bridge.
229 New York from Governors Island.

PETERSEN, Martin

230 Old Factories on the Erie Canal.
231 Factories at Hackensack.
232 The Shark and the Dolphine.

QUINLAN, Will J.

233 The Empire City.

REISMAN, Philip

234 Angel of Death.

235 East Side.

RENOUARD, George

236 Mama Bathing.

237 On the Beach.

RICE William S.

238 Alaskan Totem Pole.

RONNEBECK, Arnold

239 Wall Street.

ROSENBERG, Louis C.

240 La Badia, Florence.

241 Loggia della Podesta, San Gimignano.

242 Porta Ostiense, Rome.

243 Santa Cecilia, Ronda.

244 Campo dei Jesuite, Venice.

ROTH, Ernest David

245 Segovia, Spain.

246 San Gimignano, Italy.

247 Siena, Italy.

248 Florentine Palaces.

249 Orvieto, Italy.

RYDER, Chauncey F.

250 North Branch Road.

251 Cutting the Pines.

RYERSON, Margery

252 Sound Asleep.

SANDZEN, Birger

253 Silent Waters.

254 Red Rocks of Moab, Utah.

SCHMIDT, Elsa

255 Head.

SCHUTZ, Anton

256 New York — Three Bridges.
257 New York — Skyline.

SEWARD, C. A.

258 Big Pines, Raton Pass.

SEYMOUR, Ralph Fletcher

259 Lake Michigan Shore Bluff.

SIMMONS, Will

260 The Golden Age.
261 Polar Maternity.

SLOAN, John

262 Anschutz on Anatomy.
263 My Mother.
264 Hell Hole.

SMITH, Alice R. Huger

265 Moonflower and Hawkmoth.

STERNBERG Harry

266 Three Sisters.
267 " And Wondrous Tales were Told."

STERNE, Maurice

268 The Dancer.
269 Girl Seated.

STURGES, Dwight C.

270 A Game of Canfield.

STURGES, Lee

271 The Ovem Tender.
272 Corn Stubble.
273 Timberline Trees.
274 Blackfeet Glacier.
275 Milner Pass. 2

SUYDAM, E. H.

276 Ball of Old Evil Eye, Cristobal.
277 Beginning of Broadway.
278 Chinatown, New York.

TANNAHILL, Mary H.

279 GATHERING FRUIT.

THOMPSON, Ernest Thorne

280 NET MENDER'S YARD, MARBLEHEAD.

TUTTLE, H. E.

281 OLD RAVEN.

TWACHTMAN, J. H. (Décédé)

282 EVENING, DORDRECHT.
283 AUTUMN AVONDALE.
284 AT NEWPORT.
285 QUAI AT HONFLEUR.
286 WINTER, AVONDALE.

VERREES, J. Paul

287 CHURCH AT VEERE.

WASHBURN, Cadwallader

288 PIUTE INDIAN.

WEBB, A. C.

289 CA D'ORO.
290 LA MONTÉE AU TEMPLE.
291 DENTELLE DE PIERRES (ROUEN).

WEBER, Frederick T.

292 GRAMERCY PARK SNOW (N. Y.)

WEBSTER, Herman A.

293 PONTE VECCHIO.
294 CAPODIMONTE.
295 FISHING BOATS.
296 THE TOWER.
297 SANTA TRINITA.

WEIR, J. Alden (Décédé)

298 FISHERMAN'S HUT, ISLE OF MAN.
299 CARPENTER SHOP.
300 THE LESSON.
301 CHRISTMAS GREENS.
302 THE PICTURE BOOK.
303 BOATS AT PEEL, ISLE OF MAN.

WELSH, H. Devitt

304 The American Radiator Building.
305 Brooklin Bridge, Twilight.

WEST, Levon

306 Huskies.
307 The Mountaim Ranger.

WETHERILL, E. Kent K.

308 The Sooty Shop.
309 The Spire of St-Thomas.
310 Negro Blacksmith Shop.
311 The Goose Shop.
312 The Tenements.

WHISTLER, J. M. N. (Décédé)

313 Seymour debout auprès d'un arbre (Kennedy 31) 2ᵉ état.
314 Warehouse (K. 38) 2ᵉ état.
315 Longhomeren (K. 45).
316 Adam and Eve (old chelsea) (K. 175) 2ᵉ état.
317 Ponte del Piovan (K. 209) 5ᵉ état.
318 Cameo (K. 347).
319 The steps, Luxembourg gardens (K. 43).
320 Draped figure seated (K. 46).
   (Ces gravures appartiennent au Cabinet des Estampes de la Bibliothèque Nationale).

WICKEY, Harry

321 Bathers 2.
322 Bathers 1.
323 The Jungle.

WILIMOVSKY, Charles A.

324 After the Rain, Old Houses, New Orleans.
325 Harbor Master's Balcony, Virgin Islands, West Indies

WILKE William H.

326 Chinatown, San Francisco.

WINKLER John W.

327 FISHERMAN'S HOME.
328 FROM SIMON'S WHARF.
329 MISSION STREET WHARF.
330 NORTH END OF TELEGRAPH HILL.
331 LA MAISON DE SAINTES, ROUEN.

WOLCHONOCK, Louis

332 OLD HOUSES, CANARSIE.

WOLF, Henry (Décédé)

333 MISS ALEXANDER — AFTER WHISTLER.
334 PORTRAIT OF A GIRL — AFTER DE PREDIS.
335 A REVERIE — AFTER CECILIA BEAUX.
336 A RIVER SCENE — AFTER COROT.
337 DON CARLOS — AFTER VELASQUEZ.

WOLFSON Irving

338 THE DANCE.

WOLFSON, William

339 STEEL WORKERS.
340 YOUNG BATHERS.
341 THE CIRCUS.

WOOD Franklin T.

342 OLD MAN WITH HAT AND STICK.
343 RIGOLETTO.
344 THE BLACK CAP.
345 PORTRAIT OF AN ARTIST (MARIOTTI).

WOODBURY, Charles H.

346 PILOT BOAT.
347 FISHING.
348 RUNNING IN.
349 EDGE OF THE WOOD.
350 EASTERLY COMING.

WOODBURY, Charles O.

351 GRACE.
352 BURNHAM BEECHES.

WRIGHT, George

353 NEIGHBORS.
354 MILKING TIME.

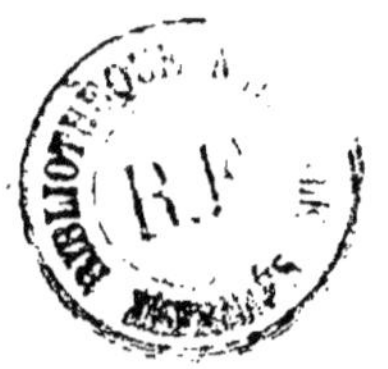

ARMS, John Taylor

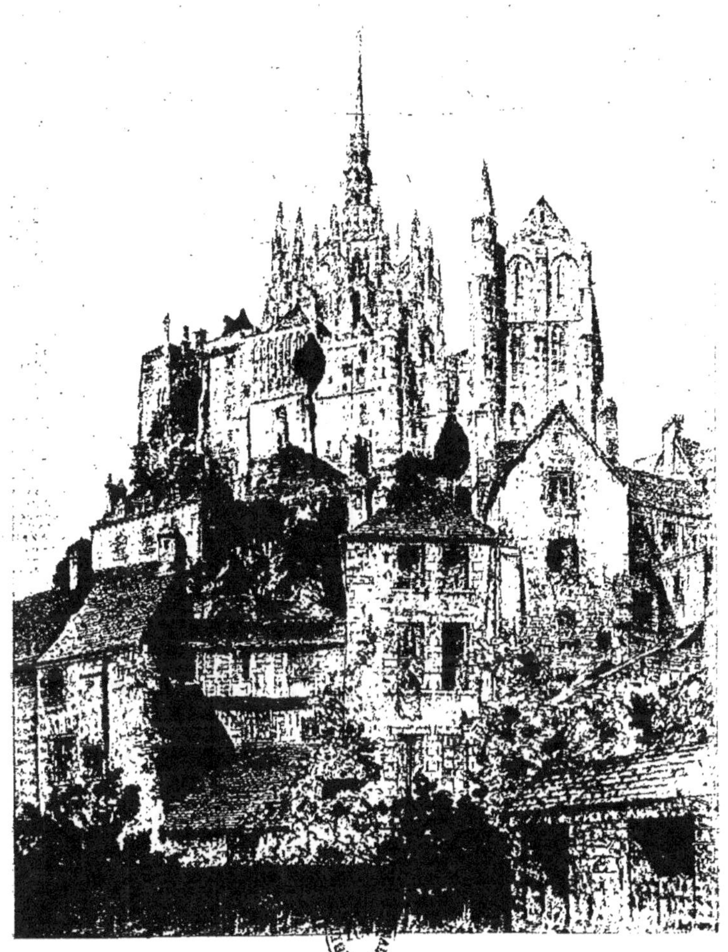

Nº 5

BENSON, Frank W.

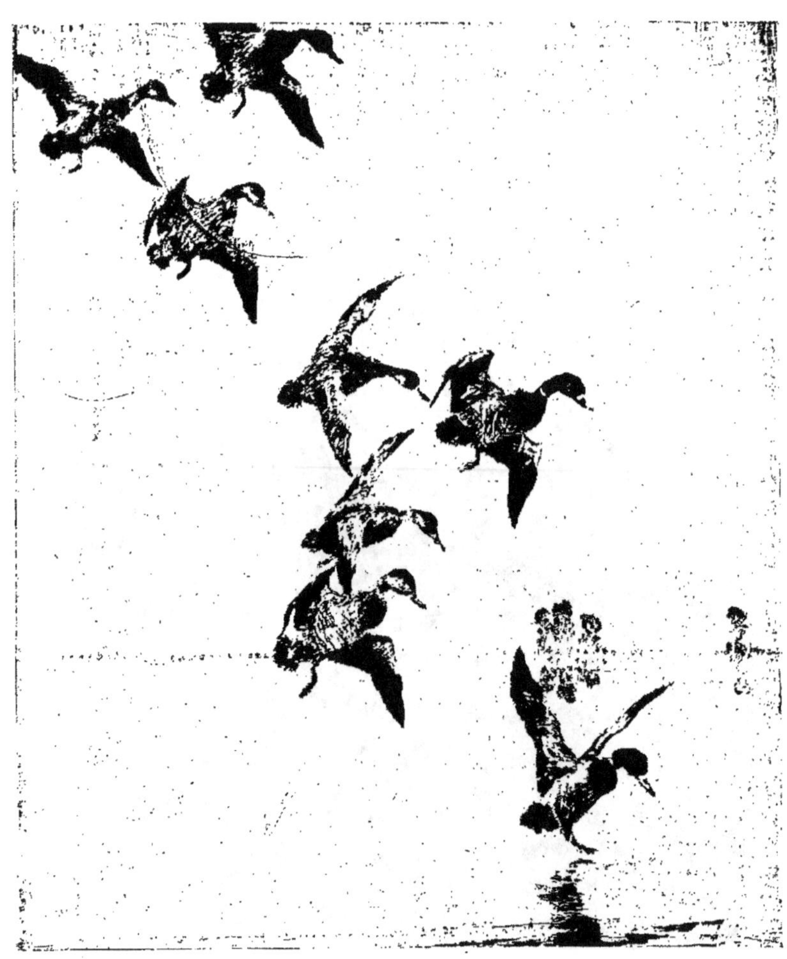

Nº 22

BELLOWS, George

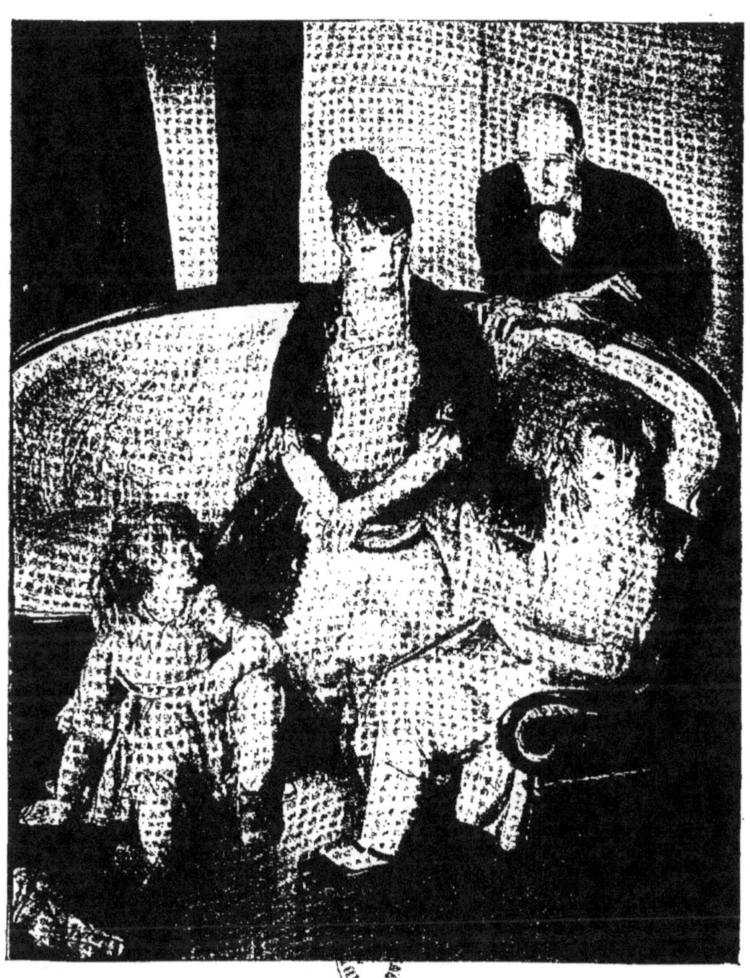

N° 3o

BIDDLE, George

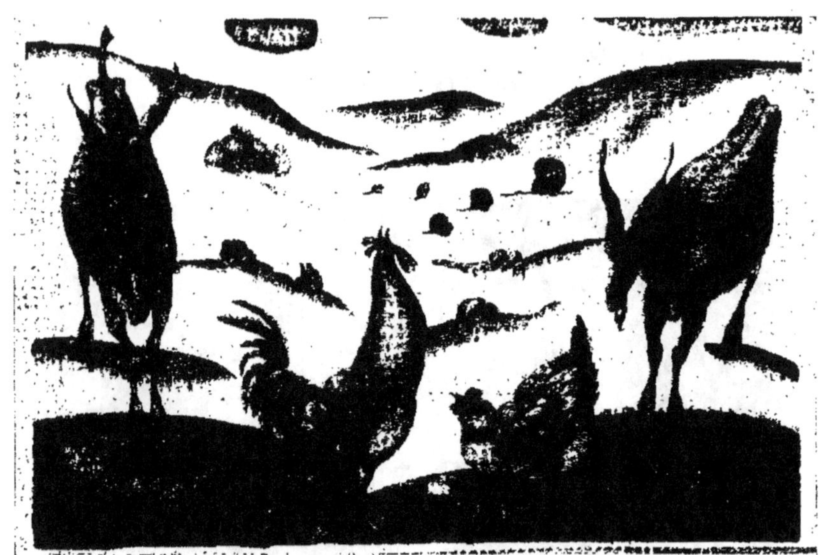

N° 31

HANDFORTH, Thomas

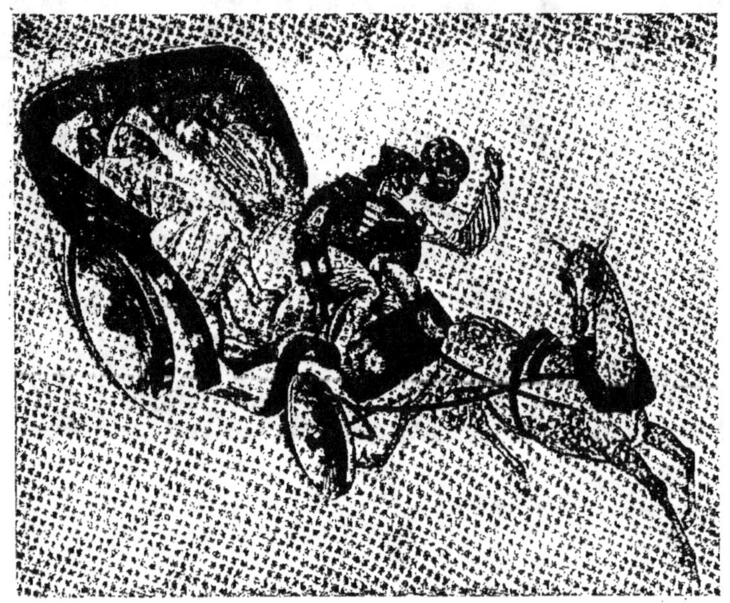

N° 122

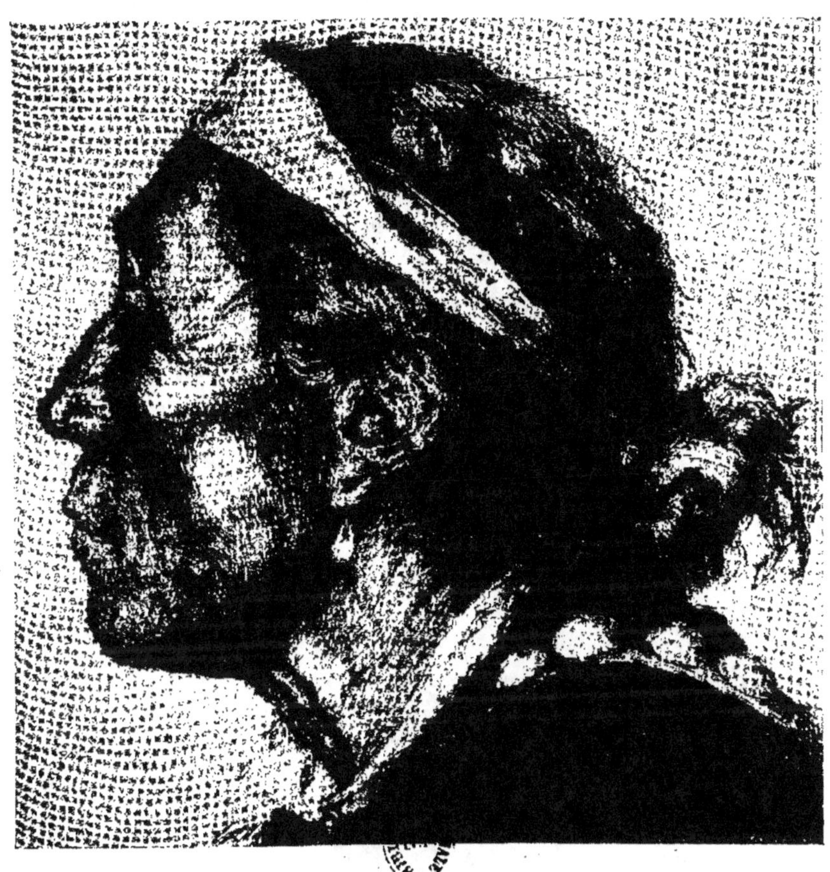

N° 41

BURR, George Elbert

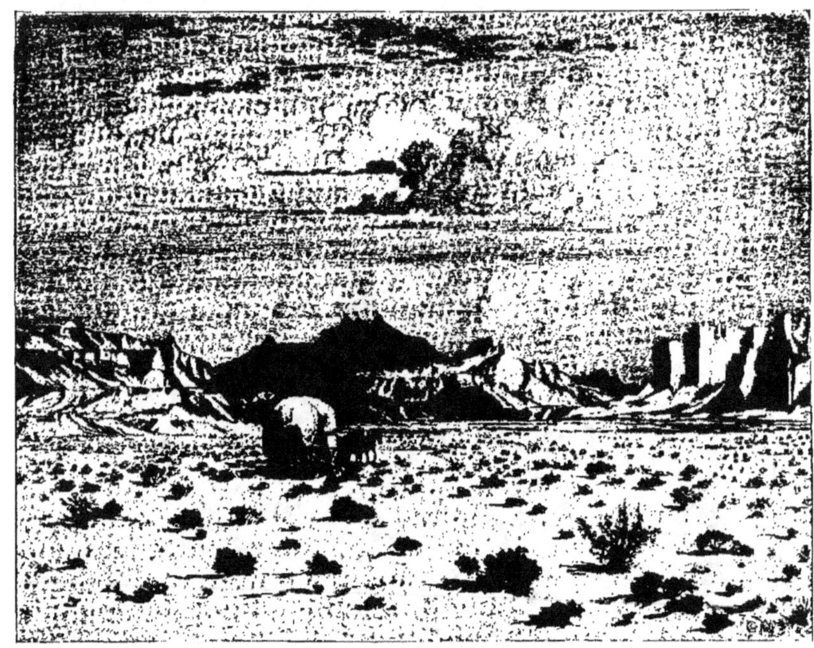

N° 51

STURGES, Lee

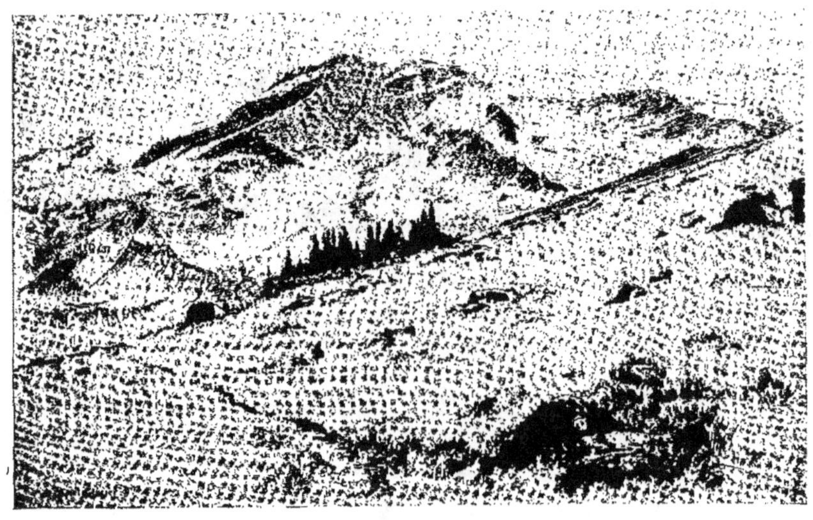

N° 274

BUSENBENZ, Virginia

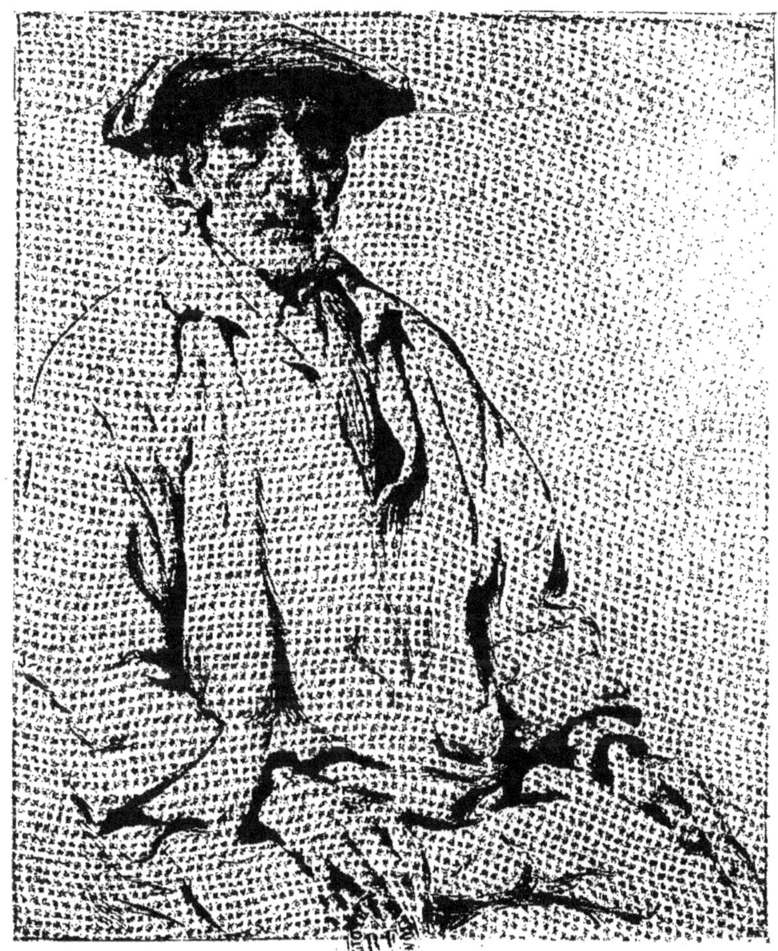

N° 52

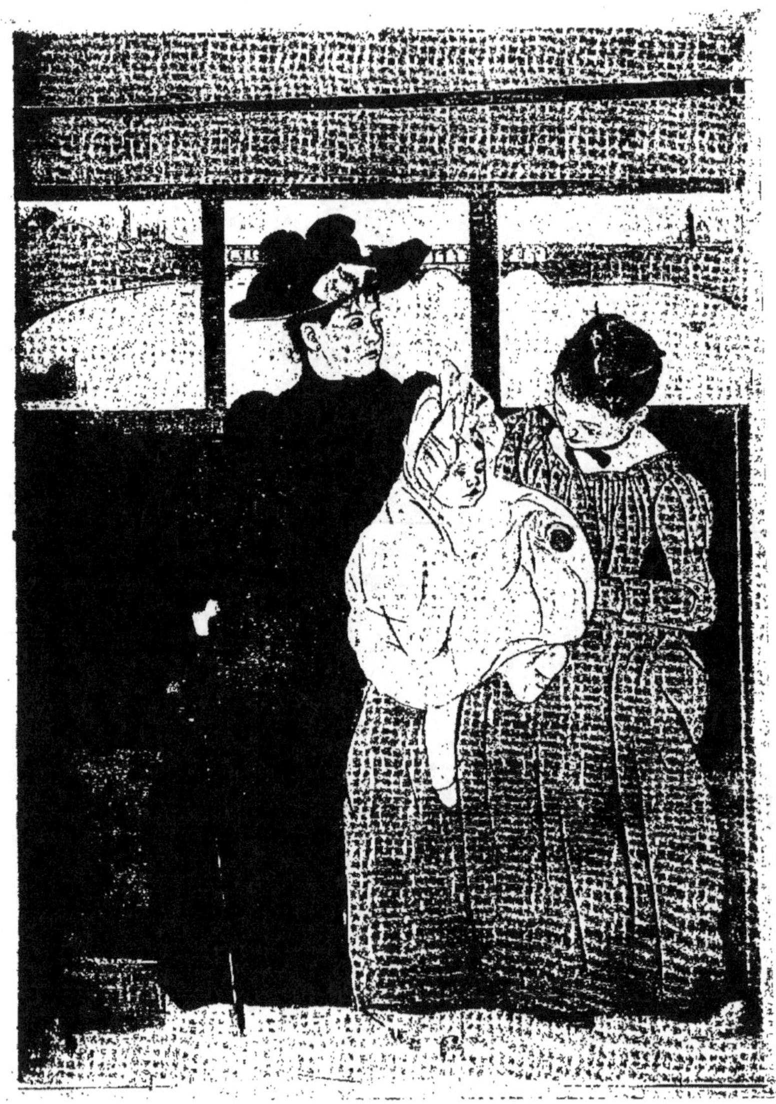

N° 58

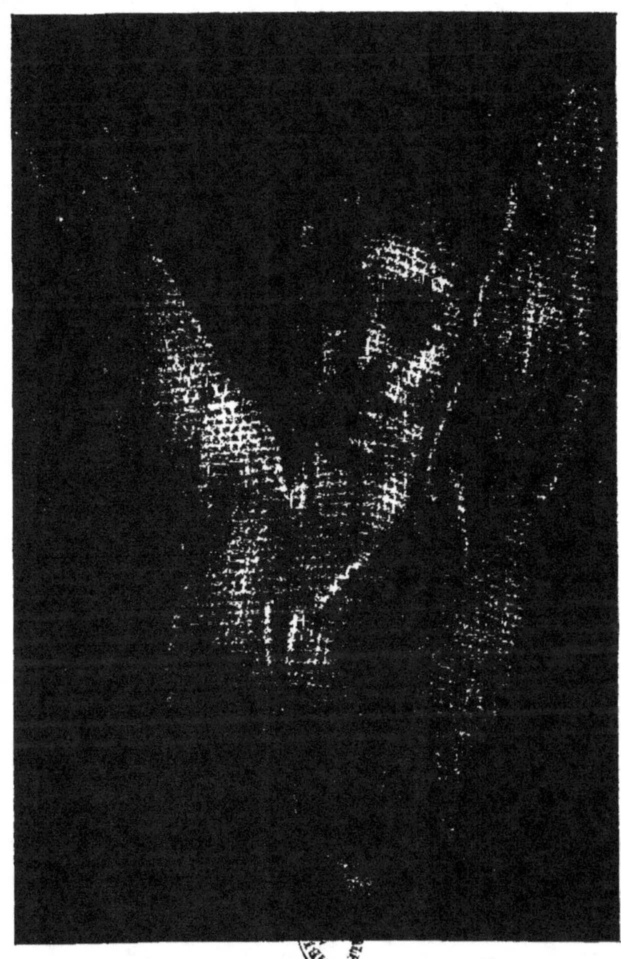

N° 80

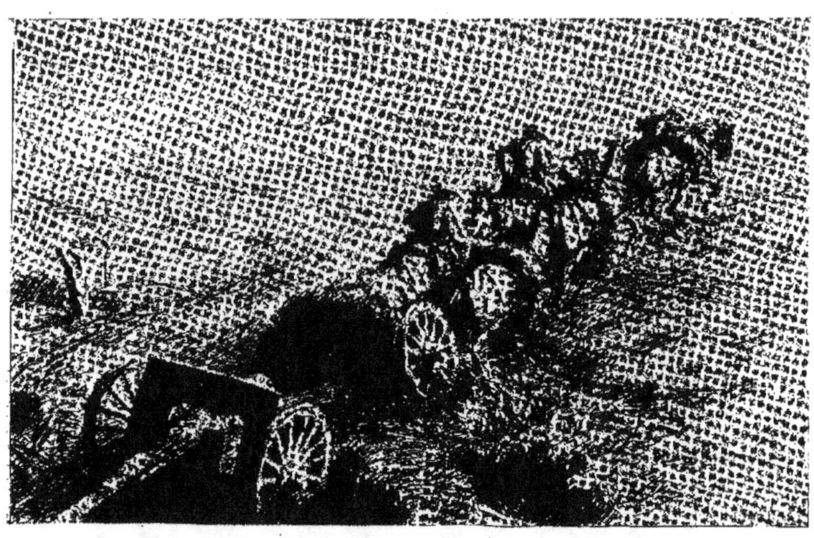

N° 90

HIGGINS, Eugène

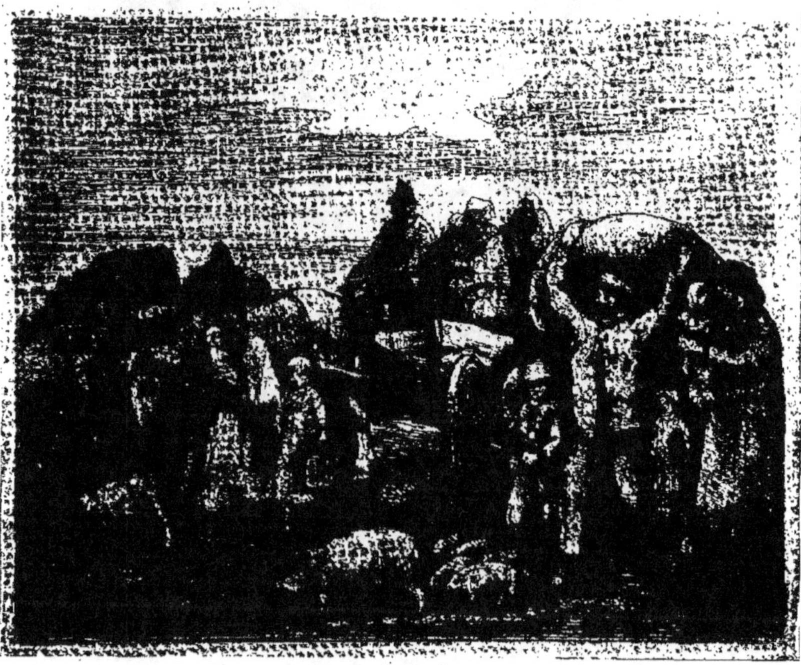

N° 151

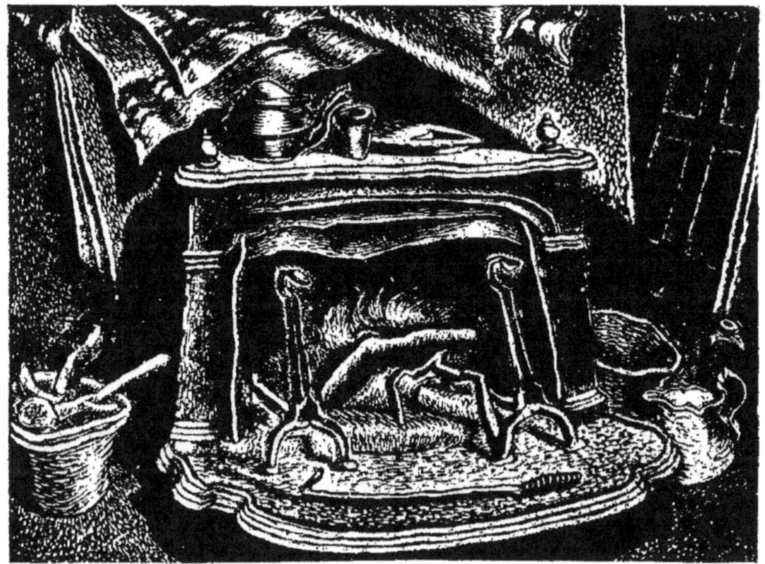

N° 104

KENT, Rockwell

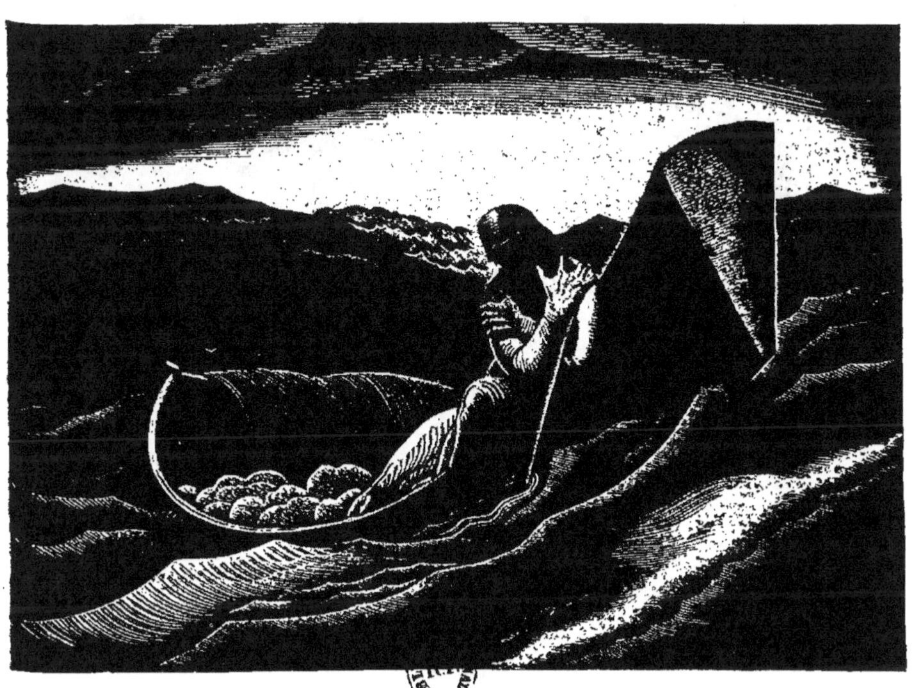

N° 168

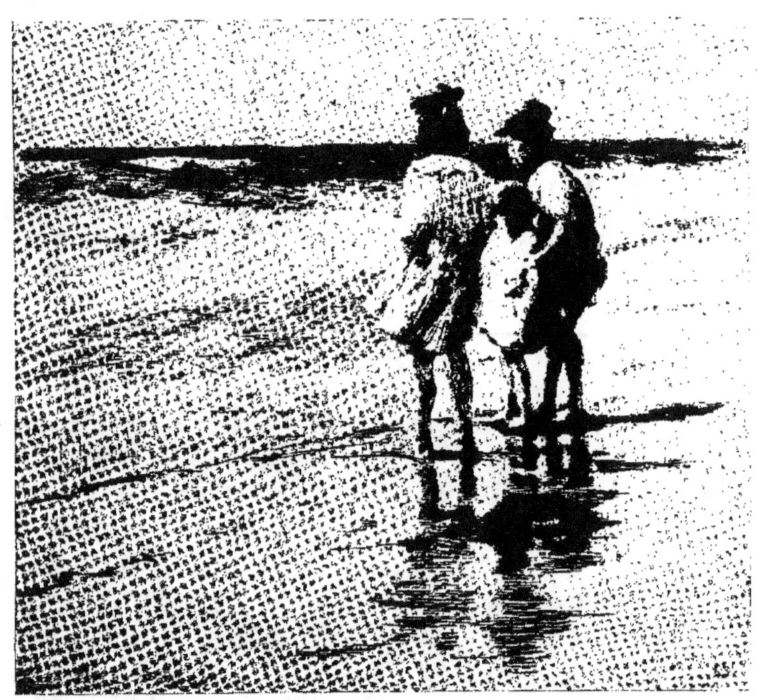

N.º 106

GOLTHWAITE, Anne

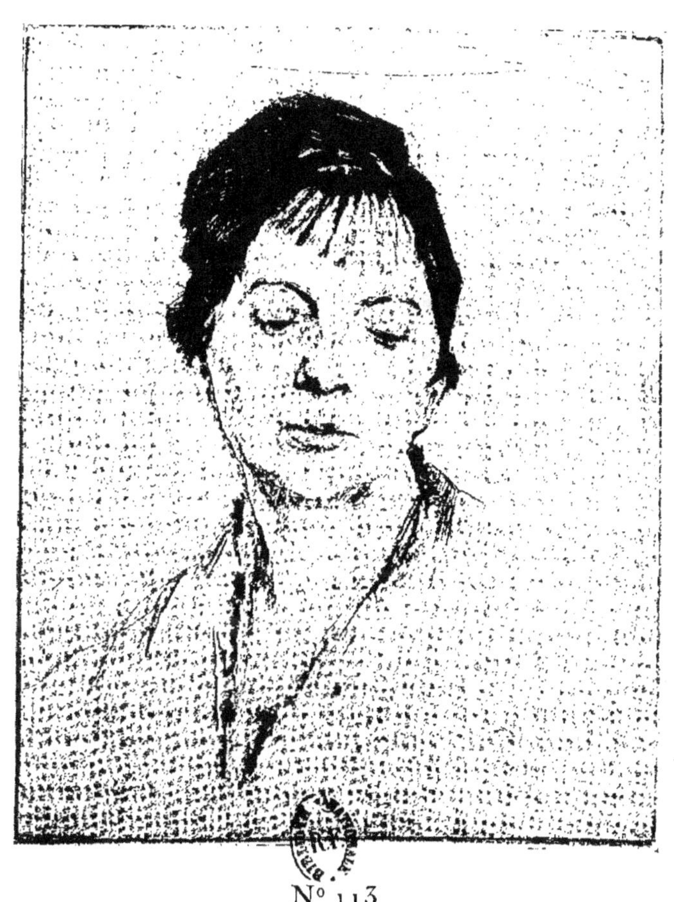

Nº 113

HALL, Frederick G.

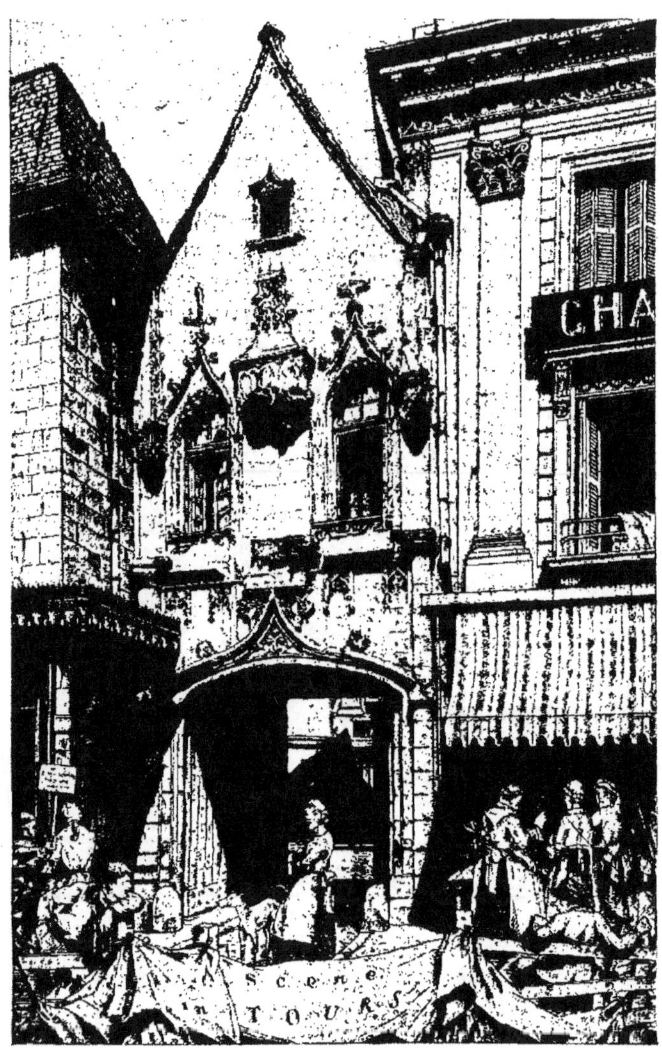

N° 120

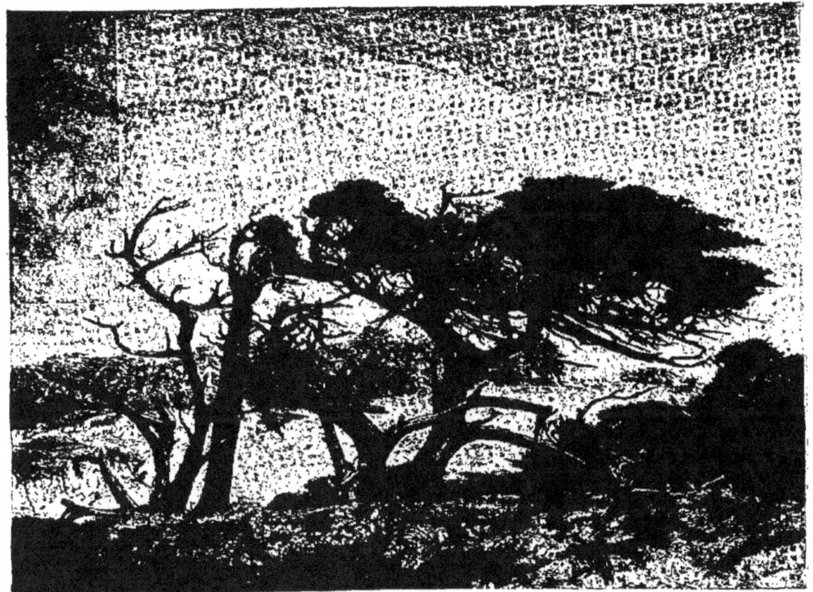

N° 156

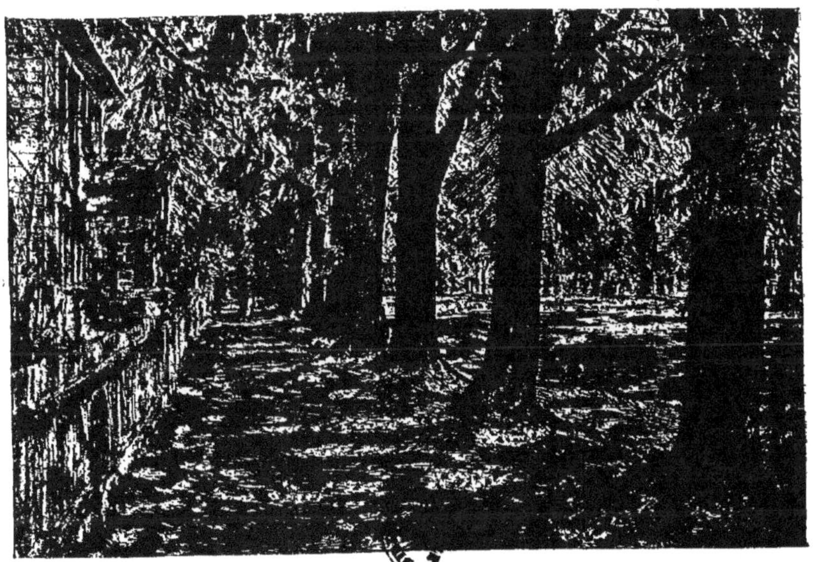

N° 138

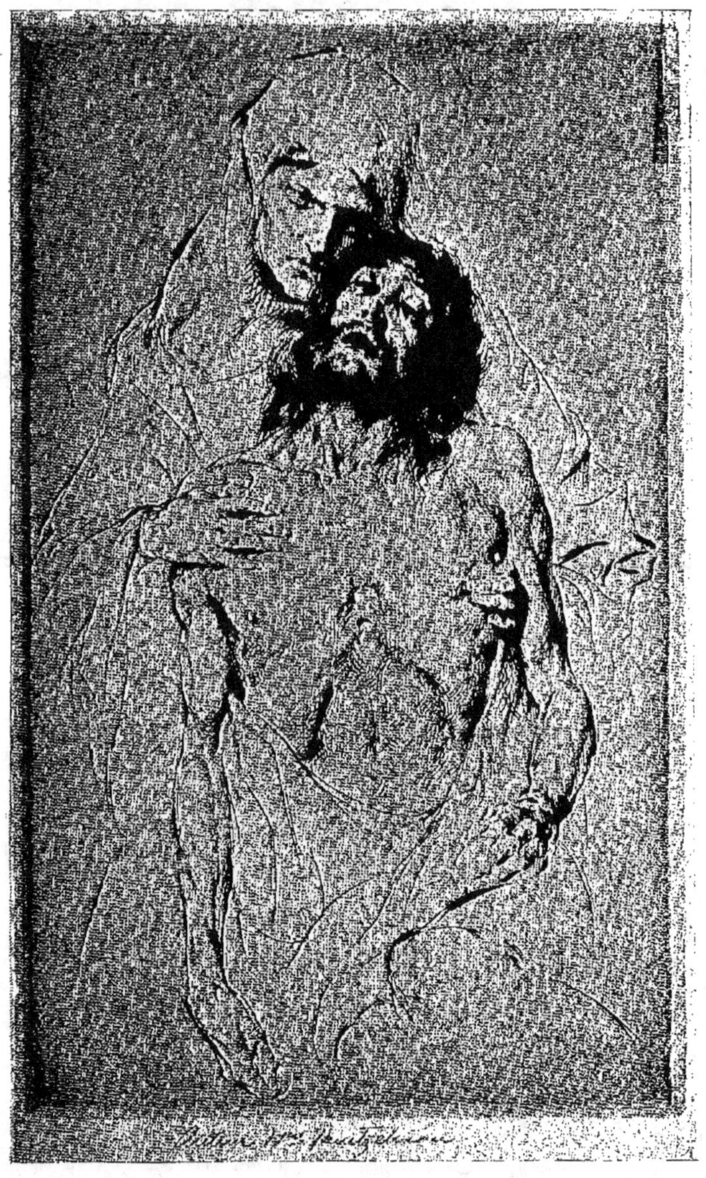

N° 147

HORNBY, Lester G.

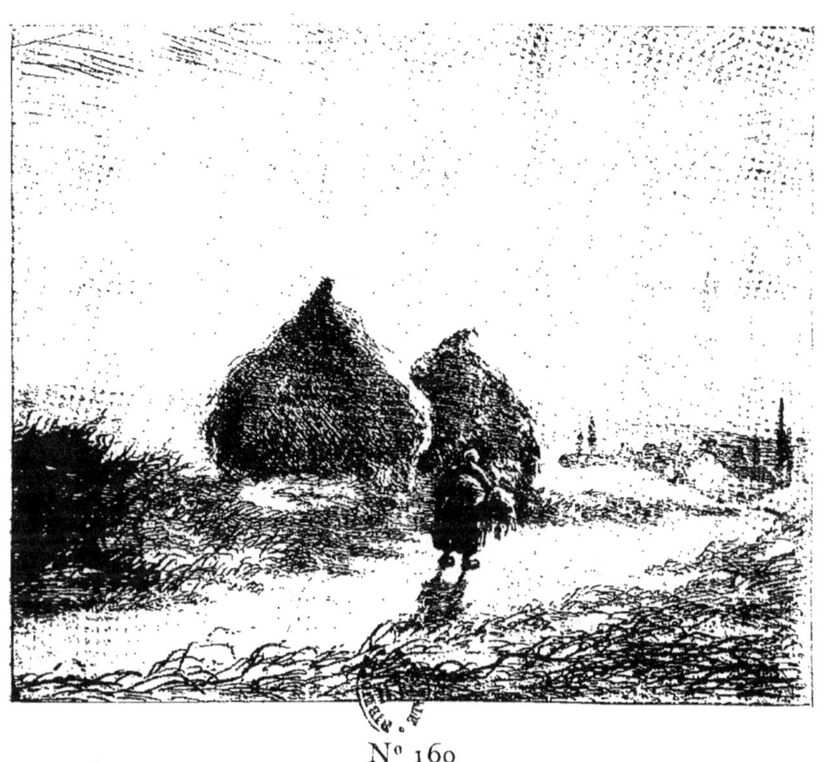

Nº 160

HUTTY, Alfred

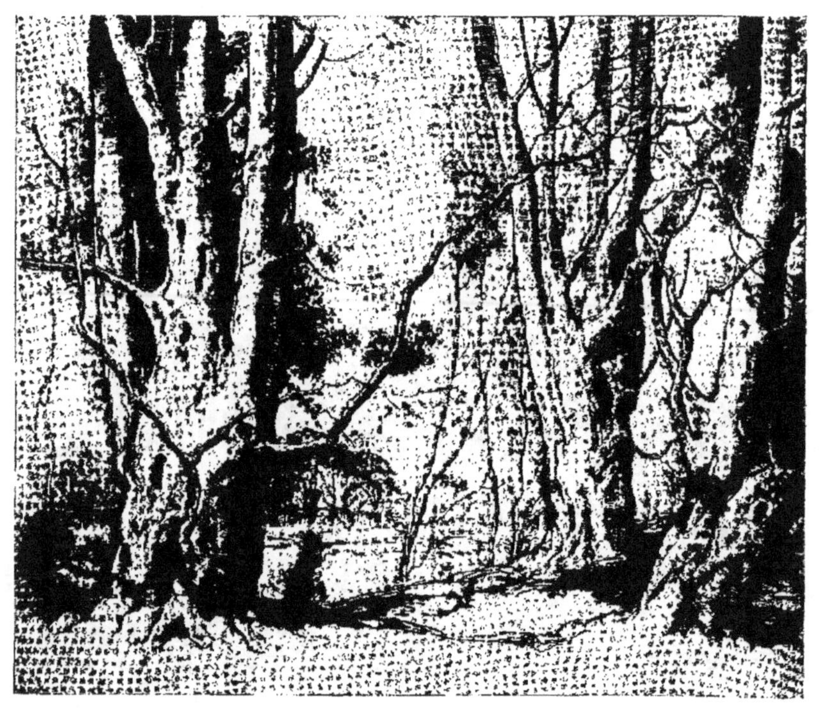

N° 163

MILLER, Kenneth Hayes

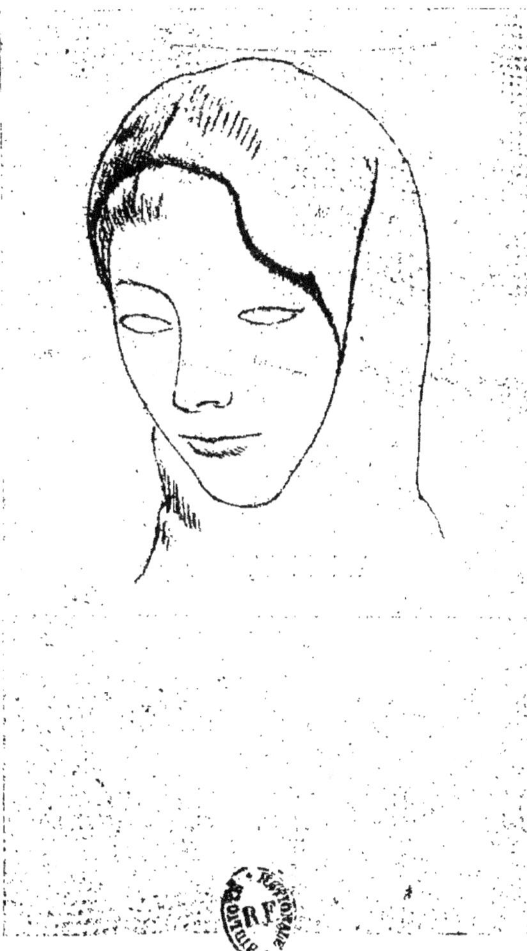

Nᵒ 207

NASON, Thomas W.

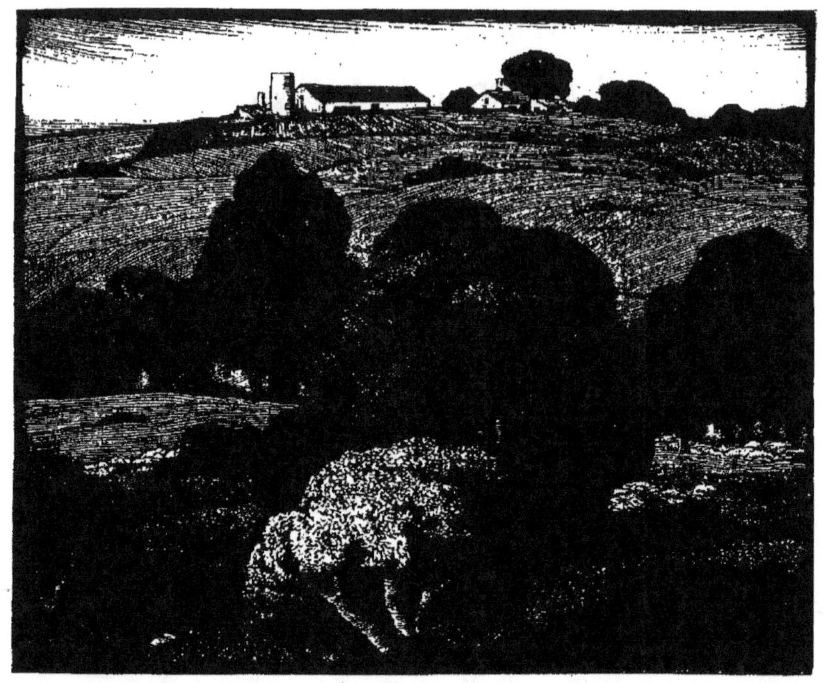

Nº 214

WICKEY, Harry

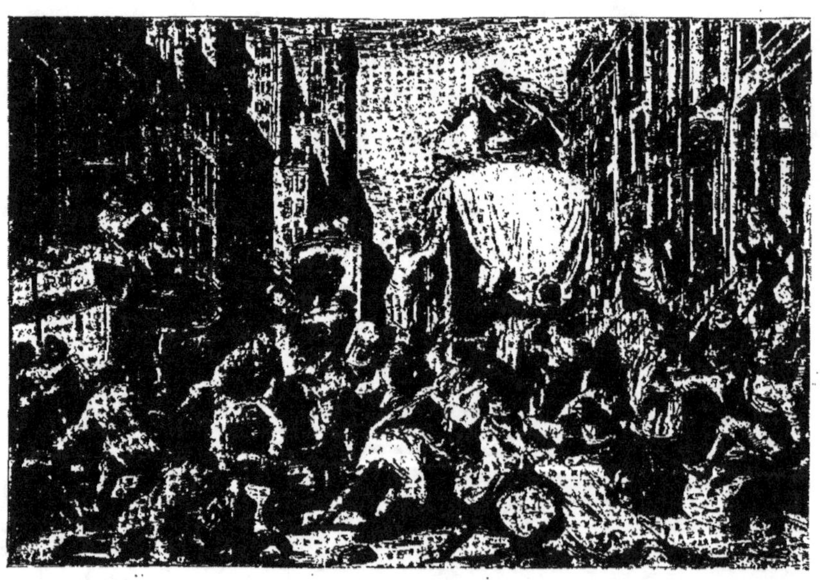

Nº 523

NISBET, Robert H.

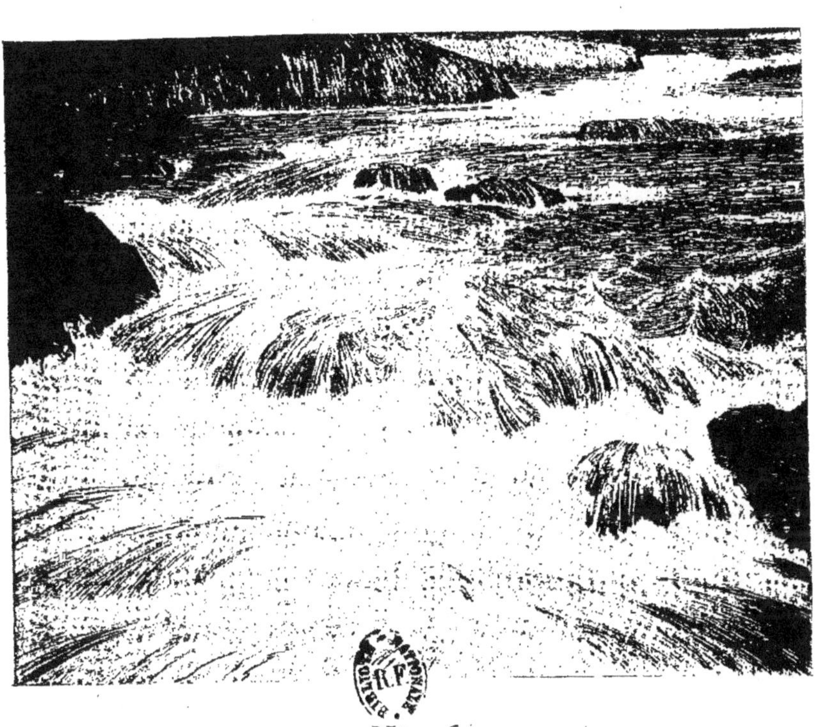

Nº 216

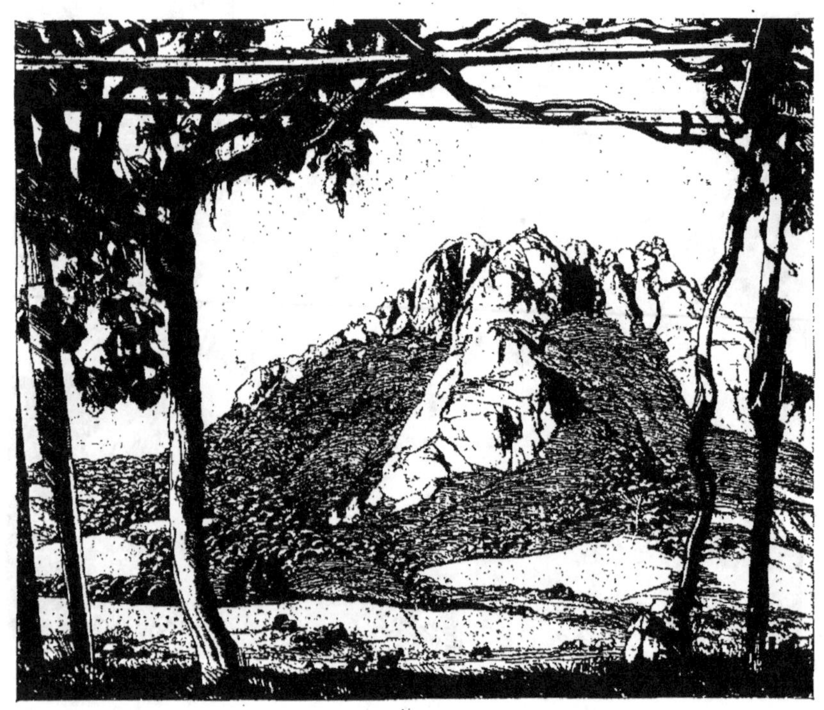

N° 223

PENNELL, Joseph

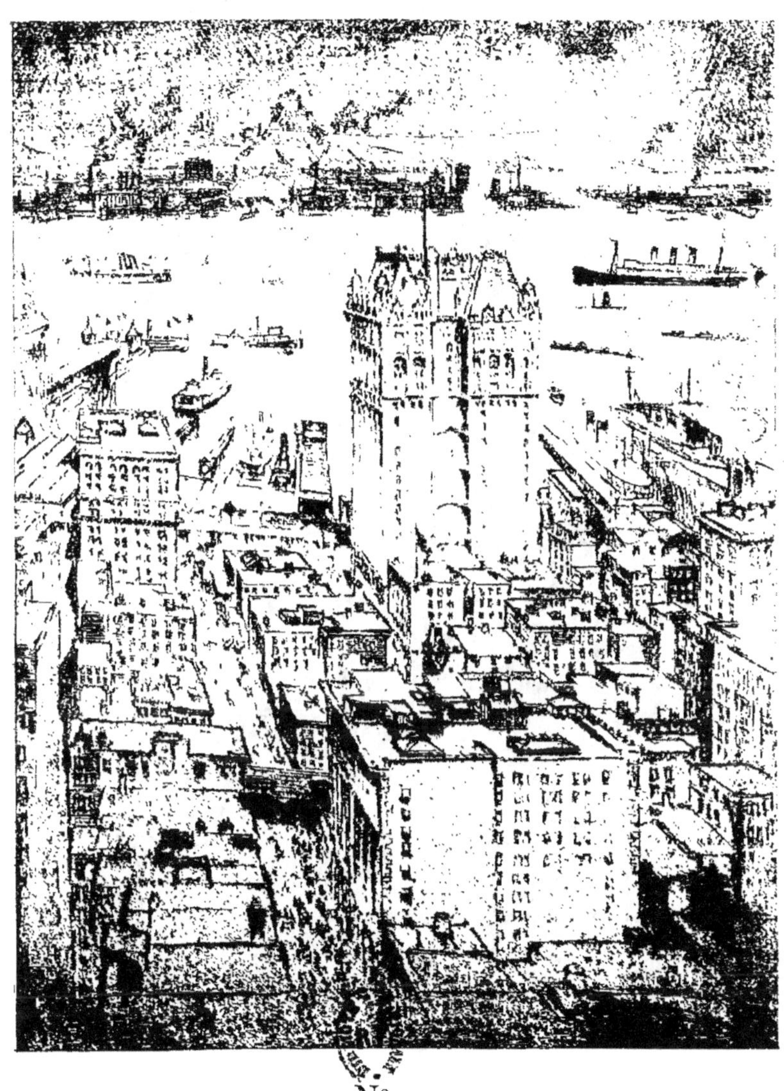

N° 227

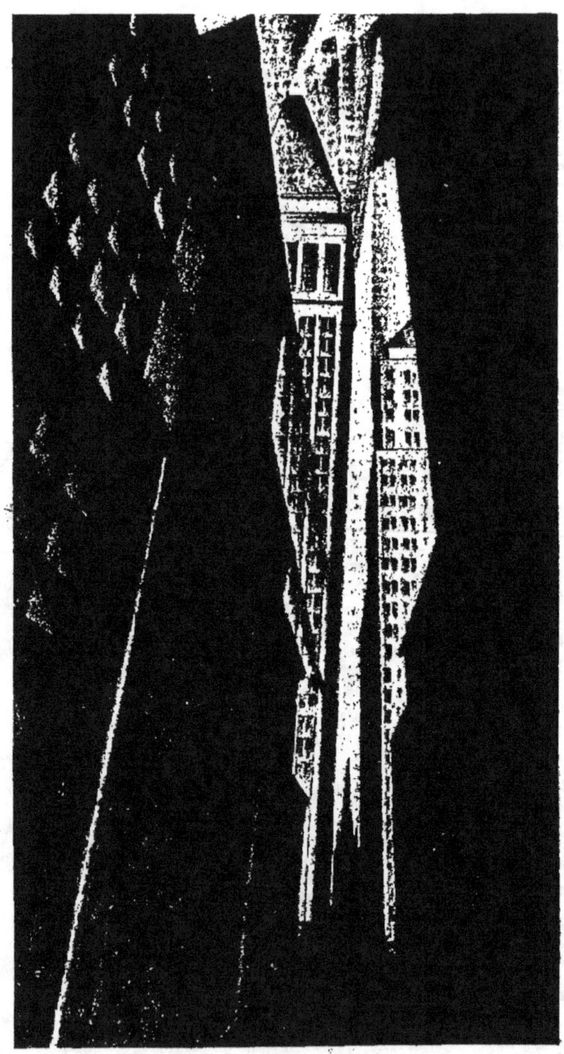

N° 239

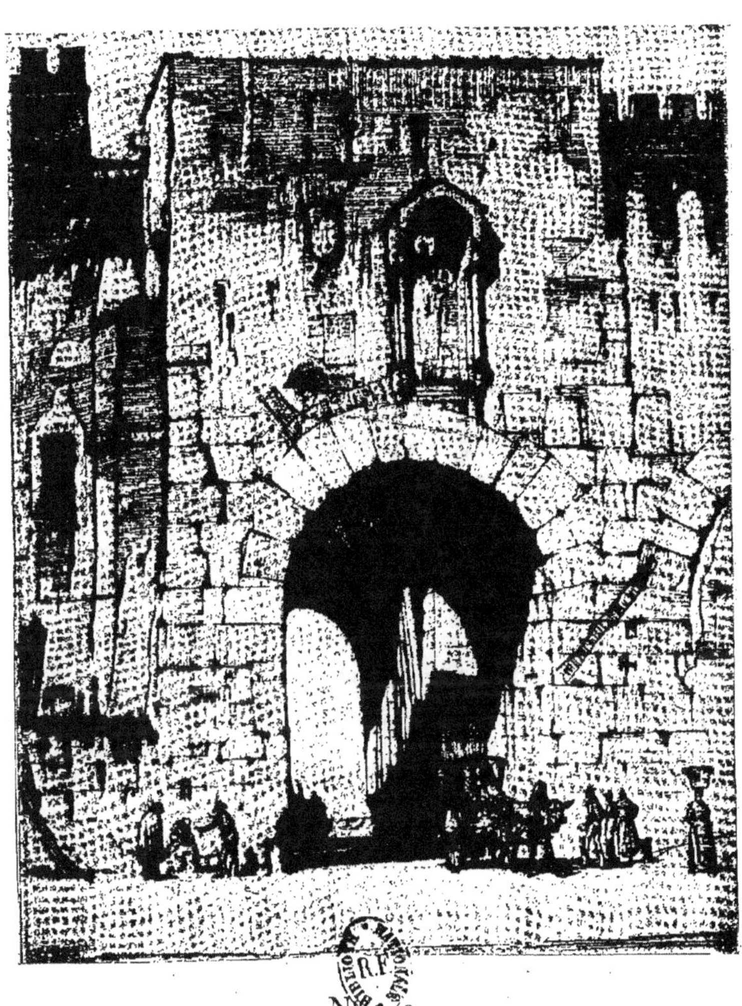

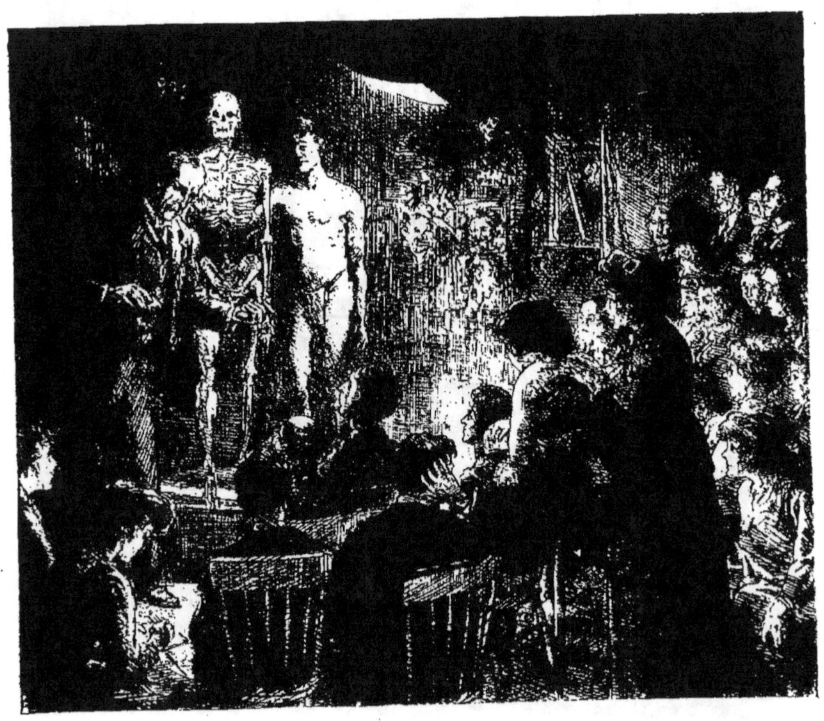

N° 262

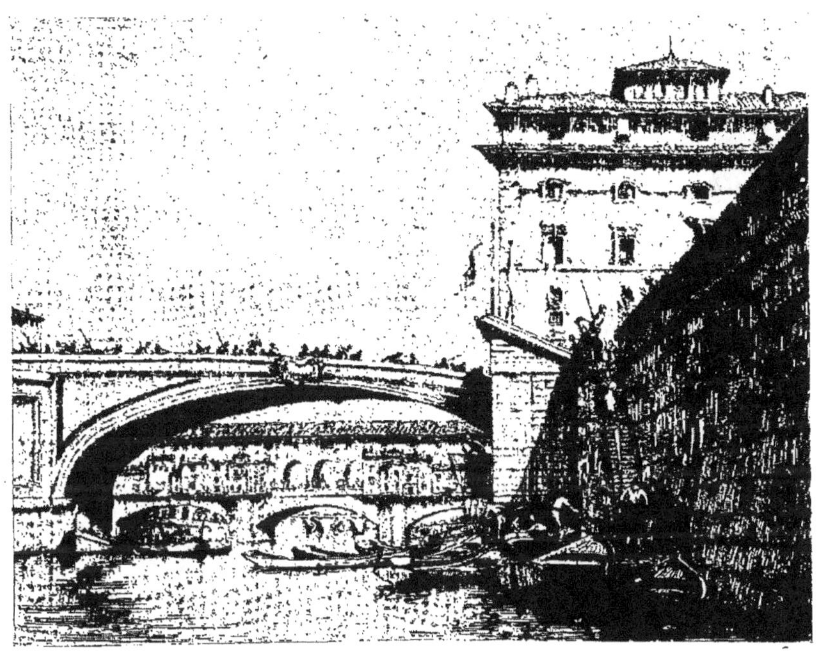

Nº 297

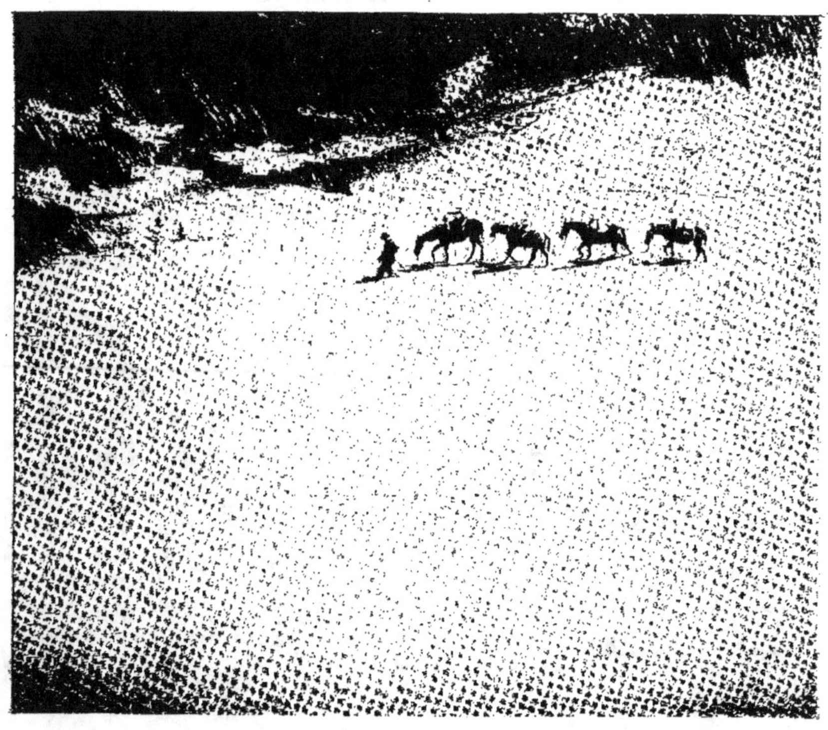

Nº 307

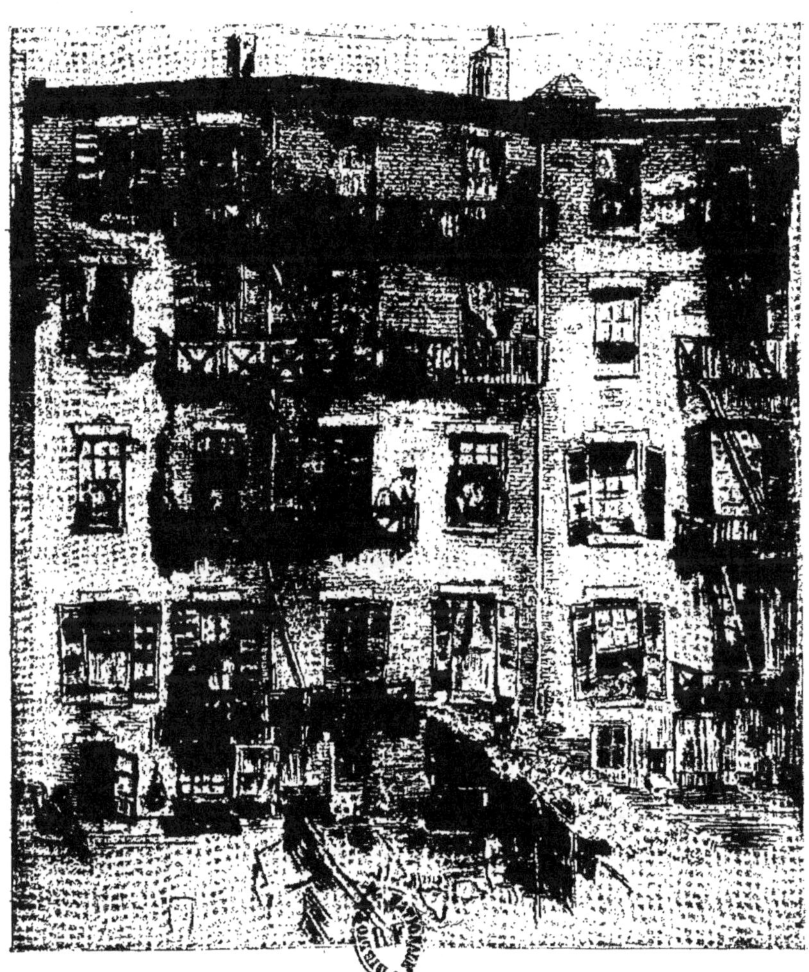

N° 312

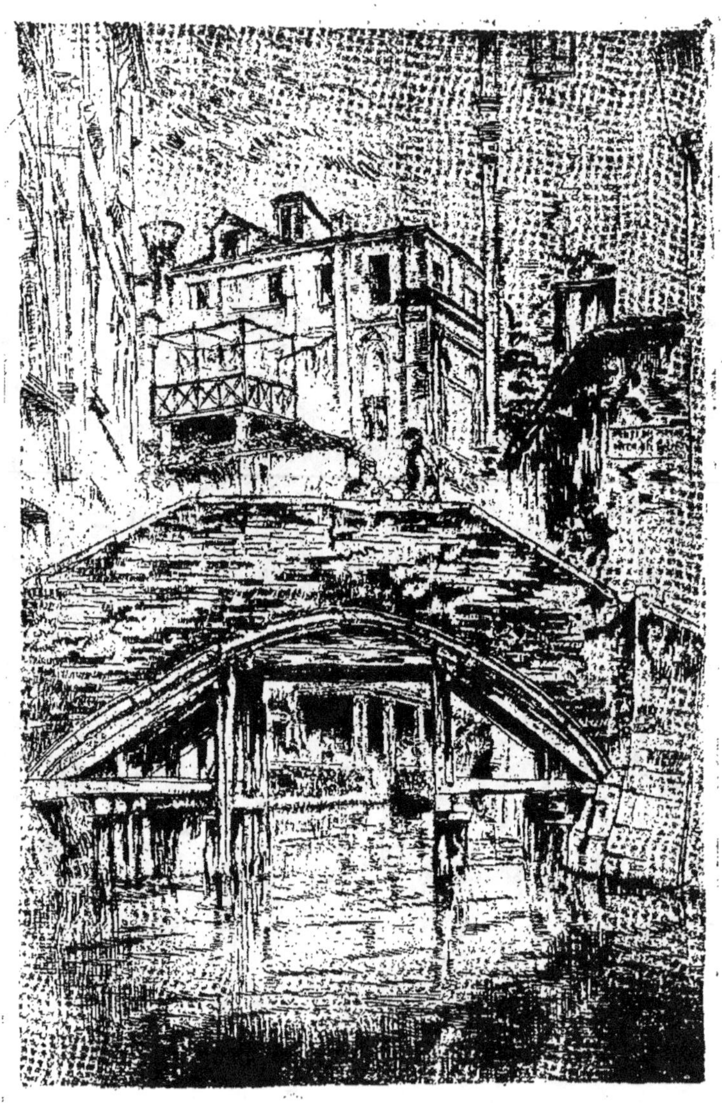

N° 317

WINKLER John W.

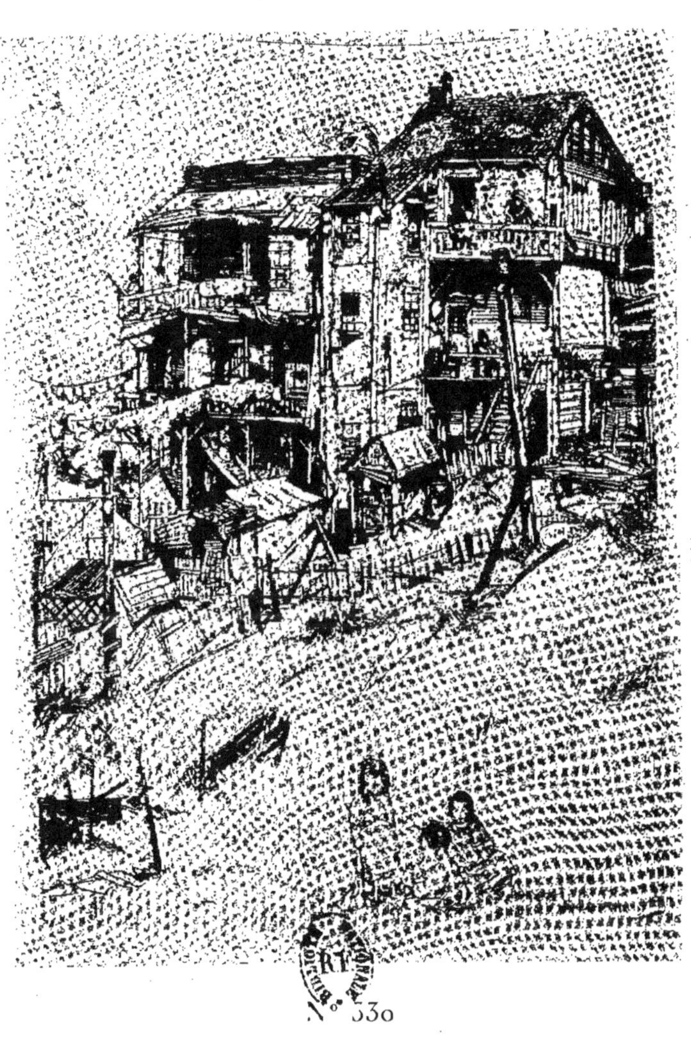

WOODBURY, Charles H.

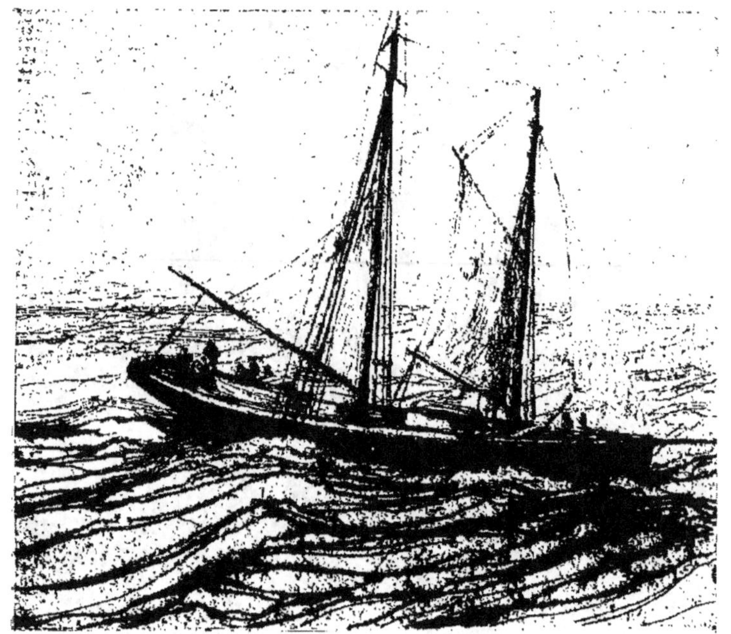

Nº 346

www.ingramcontent.com/pod-product-compliance
Lightning Source LLC
LaVergne TN
LVHW011349170726
843501LV00006B/1736